Frida Kahlo

Ein Kaleidoskop des Lebens

Zitate, Geschichten und Geheimnisse

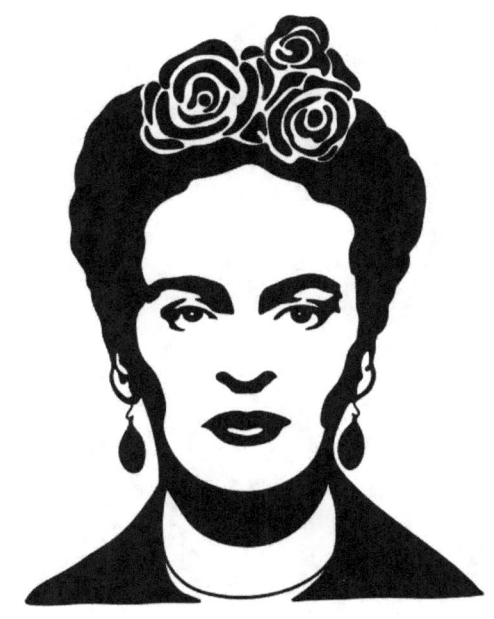

Olivia Klein © 2024

Inhaltsverzeichnis

EINLEITUNG

In diesem Buch betreten wir die bunte und komplexe Welt von Frida Kahlo, einer der faszinierendsten Künstlerinnen des 20. Jahrhunderts. Bekannt für ihre lebendigen, oft schmerzhaft ehrlichen Selbstporträts, die die Grenzen zwischen persönlichem Leid und universeller Wahrheit verwischen, hat Kahlo ein Erbe hinterlassen, das weit über die Grenzen der traditionellen Kunst hinausgeht.

Unsere Reise in „Frida Kahlo: Ein Kaleidoskop des Lebens - Zitate, Geschichten und Geheimnisse" ist eine Entdeckung ihrer vielen Schichten – als Künstlerin, als Frau, als Rebellin und als ewiges Symbol der Stärke und Resilienz. Durch ihre eigenen Worte, durch Anekdoten, die sich um ihr Leben ranken, und durch seltene Einblicke, die in diesem Buch gesammelt wurden, streben wir danach, das wahre Wesen von Frida Kahlo zu enthüllen.

In der Einleitung setzen wir die Szene für das, was folgt, indem wir einen kurzen Überblick über Fridas Leben und ihre künstlerische Laufbahn geben. Wir berühren die Schlüsselmomente, die ihre Arbeit und ihr persönliches Leben geformt haben: von ihrer komplizierten Beziehung zu Diego Rivera über ihren Kampf mit gesundheitlichen Problemen bis hin zu ihrer tiefen Verwurzelung in der mexikanischen Kultur und ihren politischen Überzeugungen.

Dieses Buch soll kein gewöhnlicher biografischer Abriss sein. Es ist vielmehr eine Reise, die die Vielschichtigkeit von Frida Kahlos Persönlichkeit, ihre innere Welt und die Art und Weise, wie sie ihre Realität in Kunst verwandelte, beleuchtet. Wir laden den Leser dazu ein, sich mit den verschiedenen Facetten ihres Lebens zu befassen, um eine tiefere Wertschätzung für ihre Kunst und die Botschaften, die sie hinterlassen hat, zu entwickeln.

Bereiten Sie sich darauf vor, von den Farben, dem Schmerz, der Leidenschaft und der Tiefe, die Frida Kahlo in jedem Aspekt ihres Lebens und ihrer Kunst verkörperte, berührt zu werden. „Frida Kahlo: Ein Kaleidoskop des Lebens - Zitate, Geschichten und Geheimnisse" ist ein Fenster zu einer Seele, die trotz aller Widrigkeiten nie aufgehört hat zu leuchten.

KAPITEL 1
Ein Leben in Farbe

Überblick über Frida Kahlos
Leben und Kunst

Frida Kahlo, geboren am 6. Juli 1907 in Coyoacán, Mexiko, wuchs in der berühmten "Casa Azul" (Blaues Haus) auf. Sie wurde in eine Zeit großer politischer Umbrüche hineingeboren, was sich später in vielen ihrer Werke widerspiegeln sollte. Fridas Vater, Guillermo Kahlo, war ein deutscher Fotograf, der nach Mexiko emigriert war. Ihre Mutter, Matilde Calderón, kam aus einer mexikanischen Familie spanischer und indigener Abstammung.

Schon in jungen Jahren zeigte Frida eine unkonventionelle Persönlichkeit und einen starken Willen. Trotz der konservativen Gesellschaft, in der sie aufwuchs, entwickelte sie früh ein Interesse an Kunst und Geschichte und zeigte eine besondere Affinität zur mexikanischen Kultur und Tradition.

Die lebendigen Farben, Texturen und Traditionen von Mexiko waren ein ständiger Begleiter in Fridas Kindheit. Die reiche Geschichte des Landes, von den präkolumbischen Zivilisationen bis zur kolonialen Ära, war eine unerschöpfliche Quelle der Inspiration. Sie beobachtete die Volkskunst, die Feierlichkeiten und die alltäglichen Szenen in ihrer Umgebung, die später in ihre Kunstwerke einfließen sollten.

Ein Schlüsselmoment in Fridas Kindheit war der Ausbruch der Mexikanischen Revolution im Jahr 1910. Die politischen Unruhen und die anschließenden Veränderungen in der Gesellschaft hinterließen einen tiefen Eindruck bei ihr. Obwohl sie noch sehr jung war, als die Revolution begann, prägten die Ereignisse ihr Bewusstsein für soziale Ungerechtigkeit und die Bedeutung des Kampfes für Freiheit und Selbstbestimmung.

Im Jahr 1913 erlitt Frida im Alter von sechs Jahren eine schwere Polioinfektion, die ihr linkes Bein dünner und kürzer als das rechte hinterließ. Diese Erfahrung prägte sie nachhaltig, sowohl körperlich als auch emotional. Sie kämpfte mit den physischen und psychischen Folgen der Krankheit und entwickelte eine tiefe Resilienz, die in ihren späteren Werken oft zum Ausdruck kommt.

Während ihrer Jugend besuchte Frida die renommierte National Preparatory School in Mexiko-Stadt, wo sie eine von wenigen Mädchen in einer überwiegend männlichen Schülerschaft war. In dieser Zeit begann sie, sich für Politik und soziale Gerechtigkeit zu interessieren, beeinflusst durch die postrevolutionäre Stimmung in Mexiko und die progressiven Ideen ihrer Lehrer und Mitschüler.

Trotz der Herausforderungen, die ihr frühes Leben prägten, entwickelte Frida Kahlo einen starken, unabhängigen Geist und eine Leidenschaft für die Kunst, die sie später zu einer der bedeutendsten Künstlerinnen des 20. Jahrhunderts machen sollte. Ihre Jugendjahre legten den Grundstein für eine Lebensgeschichte voller Kreativität, Leidenschaft und Widerstandsfähigkeit.

Erste Begegnungen mit Kunst und Kultur

Frida Kahlos erste Begegnungen mit Kunst und Kultur waren geprägt von der vielfältigen und reichen Geschichte Mexikos. Sie wuchs in einer Umgebung auf, in der die traditionelle mexikanische Kultur und die modernen Einflüsse der europäischen Kunst aufeinandertrafen. Diese einzigartige Mischung bildete den Nährboden für ihre spätere künstlerische Laufbahn.

Schon in ihrer frühen Jugend zeigte Frida eine ausgeprägte Neigung zur Kunst. Ihr Vater, Guillermo Kahlo, ein Fotograf deutscher Abstammung, spielte dabei eine wichtige Rolle. Er führte Frida in die Grundlagen der Fotografie ein und weckte ihr Interesse an visueller Gestaltung. Durch ihn erhielt sie Einblicke in die technischen Aspekte der Bildkomposition und Lichtführung, die später in ihrem eigenen Schaffen zum Tragen kamen.

Neben der Fotografie war die volkstümliche Kunst Mexikos ein wesentlicher Teil von Fridas künstlerischer Erziehung. Sie wurde inspiriert von den lebhaften Farben und Formen der lokalen Handwerkskunst, wie Textilien, Keramiken und Retablos – kleine, volkstümliche Gemälde, die religiöse Szenen darstellen. Diese Elemente fanden später oft Ausdruck in ihren eigenen Werken.

Die kulturelle Vielfalt Mexikos, einschließlich der indigenen und kolonialen Einflüsse, prägte ebenfalls Fridas Kunstverständnis. Sie bewunderte die Werke der großen mexikanischen Maler wie Diego Rivera, deren Arbeiten die nationale Identität und sozialpolitische Themen thematisierten. Ihre Begegnung mit der mexikanischen Muralistenbewegung, die eine Renaissance der öffentlichen Wandmalerei anstrebte, hinterließ einen nachhaltigen Eindruck.

Als Teenager begann Frida, ernsthaft zu malen. Ein schwerer Unfall im Jahr 1925, der sie für lange Zeit ans Bett fesselte, wurde zu einem Wendepunkt in ihrem Leben. Während dieser Zeit vertiefte sie sich in die Malerei und begann, ihr inneres Erleben und ihre Emotionen auf der Leinwand festzuhalten. Diese selbstreflektierende Art zu malen wurde zu einem charakteristischen Merkmal ihrer Kunst.

Insgesamt waren Frida Kahlos erste Begegnungen mit Kunst und Kultur von einer tiefen Verbindung zur mexikanischen Tradition, einer Neugier auf moderne Strömungen und dem unerschütterlichen Wunsch geprägt, ihren eigenen künstlerischen Weg zu gehen. Diese frühen Erfahrungen legten den Grundstein für ihr späteres Schaffen, in dem sie persönliche und kulturelle Themen auf innovative und bewegende Weise zum Ausdruck brachte.

Herausforderungen und Wendepunkte

Frida Kahlos Leben war geprägt von Herausforderungen und Wendepunkten, die sowohl ihren Charakter als auch ihr künstlerisches Schaffen tiefgreifend beeinflussten. Diese Abschnitte ihres Lebens waren entscheidend für die Entwicklung ihrer einzigartigen künstlerischen Stimme und Vision.

Eine der größten Herausforderungen in Fridas Leben war der schwere Verkehrsunfall, den sie im Jahr 1925 erlitt. Dieser Unfall verursachte langanhaltende körperliche Schmerzen und erforderte zahlreiche chirurgische Eingriffe, die sie ihr Leben lang begleiteten. Die lange Zeit der Genesung führte dazu, dass Frida lange Zeit ans Bett gefesselt war. In dieser Phase begann sie intensiv zu malen, um ihre Erfahrungen und Schmerzen auszudrücken. Dieser Unfall und die daraus resultierenden körperlichen Einschränkungen wurden zu einem zentralen Thema in vielen ihrer Werke.

Ein weiterer bedeutender Wendepunkt in ihrem Leben war ihre Beziehung zu dem bekannten mexikanischen Maler Diego Rivera. Ihre stürmische und leidenschaftliche Ehe, geprägt von künstlerischer Bewunderung, gegenseitigen Untreue und politischen Meinungsverschiedenheiten, hatte tiefgreifenden Einfluss auf ihr Leben und ihre Kunst. Durch Diego kam sie in Kontakt mit vielen wichtigen Künstlern und politischen Persönlichkeiten der Zeit, was ihren künstlerischen und politischen Horizont erweiterte.

Fridas Gesundheitsprobleme und ihre komplizierte Ehe stellten ständige emotionale und physische Herausforderungen dar. Trotz dieser Schwierigkeiten fand sie immer wieder die Kraft, sich durch ihre Kunst auszudrücken. Ihre Gemälde reflektieren ihre Schmerzen und Leidenschaften sowie ihre tiefen Emotionen und Gedanken.

Ein weiterer Wendepunkt war ihre Ausstellung in New York im Jahr 1938, die ihr internationale Anerkennung brachte. Diese Ausstellung war ein bedeutender Moment in ihrer Karriere und half ihr, sich als eigenständige Künstlerin neben ihrem Ehemann Diego Rivera zu etablieren.

Schließlich war Frida Kahlo immer wieder mit gesundheitlichen Rückschlägen konfrontiert, die ihre körperliche Beweglichkeit einschränkten und sie oft ans Bett fesselten. Doch selbst in diesen Zeiten der Schwäche und des Leidens fand sie Wege, ihre Erfahrungen und Emotionen durch ihre Malerei auszudrücken. Dieser unermüdliche kreative Geist und ihre Fähigkeit, persönliches Leid in Kunst umzuwandeln, sind wesentliche Aspekte ihres Erbes.

Zusammengefasst waren die Herausforderungen und Wendepunkte in Frida Kahlos Leben zwar geprägt von Schmerz und Leid, aber sie dienten auch als kraftvolle Inspiration für ihre Kunst. Durch ihre Gemälde kommunizierte sie ihre innere Welt und machte ihre persönlichen Erfahrungen zu universellen Aussagen über das menschliche Dasein.

Der Busunfall und seine langfristigen Auswirkungen

Frida Kahlos Leben und Kunst wurden entscheidend durch einen schweren Busunfall im Jahr 1925 geprägt, als sie erst 18 Jahre alt war. Bei diesem Unfall erlitt sie zahlreiche schwere Verletzungen, darunter Brüche an der Wirbelsäule und im Beckenbereich. Diese Verletzungen hatten weitreichende Folgen für ihr gesamtes weiteres Leben.

Die langfristigen Auswirkungen des Unfalls waren für Frida sowohl physisch als auch psychisch enorm belastend. Sie musste zahlreiche Operationen und langwierige medizinische Behandlungen über sich ergehen lassen. Die anhaltenden Schmerzen und die damit verbundenen körperlichen Einschränkungen führten oft zu langen Phasen der Bettlägerigkeit. Diese Erfahrungen der Isolation und des physischen Leidens spiegelten sich stark in ihrer Kunst wider.

Frida Kahlo nutzte die Kunst als ein Mittel zur Verarbeitung ihrer Schmerzen und als Flucht aus ihrer physischen Realität. In ihren zahlreichen Selbstporträts thematisierte sie offen ihre Verletzungen und den körperlichen Schmerz. Sie verwendete Symbole wie gebrochene Säulen oder eingeschnürte Körper, um ihren körperlichen Zustand und ihre emotionalen Kämpfe darzustellen.

Die körperlichen Folgen des Unfalls hatten auch Auswirkungen auf Fridas Selbstwahrnehmung und Identität. Sie setzte sich in ihren Werken intensiv mit Themen der Körperlichkeit, der Verletzlichkeit und der weiblichen Identität auseinander. Ihre Gemälde sind oft geprägt von einer eindringlichen Direktheit, mit der sie die Betrachter*innen konfrontiert und zur Auseinandersetzung mit dem Schmerz und der menschlichen Verfassung einlädt.

Fridas Fähigkeit, ihre Leidensgeschichte in kraftvolle Kunst umzusetzen, machte sie zu einer Ikone der Stärke und Resilienz. Ihre Werke bieten einen tiefen Einblick in ihre persönlichen Erfahrungen und sind gleichzeitig universelle Ausdrucksformen menschlicher Emotionen und Zustände. Der Busunfall und seine Folgen waren somit nicht nur ein tragischer Wendepunkt in ihrem Leben, sondern auch ein entscheidender Impuls für ihr künstlerisches Schaffen, das sie zu einer der bedeutendsten Künstlerinnen des 20. Jahrhunderts machte.

KAPITEL 2
Die Kunst, das Leid zu malen

Künstlerische Laufbahn und Stil

Frida Kahlo begann ihre künstlerische Laufbahn nach ihrem schweren Busunfall, während sie monatelang bettlägerig war. Ursprünglich hatte sie Medizin studieren wollen, doch durch den Unfall fand sie zur Malerei, die ihr als Mittel der Selbsttherapie und des Ausdrucks diente. Kahlo war größtenteils Autodidaktin und entwickelte einen sehr persönlichen und unverkennbaren Stil, der Elemente des Surrealismus, des Symbolismus und der mexikanischen Volkskunst kombinierte.

Ihr künstlerischer Ausdruck war geprägt von einer intensiven Auseinandersetzung mit sich selbst und ihrer persönlichen Geschichte. Fridas Gemälde sind oft autobiografisch und spiegeln ihre eigenen Erfahrungen, Schmerzen und Leidenschaften wider. Sie nutzte ihre Kunst, um Themen wie Identität, den menschlichen Körper, Geschlecht und Klasse zu erforschen.

Analyse ihrer bedeutendsten Werke

Frida Kahlos beeindruckendes Oeuvre umfasst zahlreiche Werke, die tiefgründige Emotionen und komplexe Themen erforschen. In diesem Kapitel werden einige ihrer bedeutendsten Gemälde analysiert und diskutiert:

"Die zwei Fridas" (1939):

Dieses großformatige Gemälde stellt zwei Versionen von Kahlo dar, die Hand in Hand sitzen. Die eine Frida ist in einem europäischen Kleid, die andere in traditioneller mexikanischer Tracht. Das Bild reflektiert ihre dualen Identitäten und den inneren Konflikt, der durch die Scheidung von Diego Rivera verstärkt wurde. Herz und Adern, die aus ihren Körpern herausführen und miteinander verbunden sind, symbolisieren die untrennbare Verbindung zwischen den beiden Aspekten ihrer Identität.

"Das gebrochene Herz" (1944):

In diesem Selbstporträt präsentiert sich Kahlo mit einem zersplitterten Herzen und einem Stahlkorsett, was auf ihre körperlichen Schmerzen und die daraus resultierenden emotionalen Leiden hinweist. Die Dornenkrone und der Hintergrund, der an eine trostlose Landschaft erinnert, verleihen dem Werk eine schmerzlich religiöse und metaphorische Dimension.

"Selbstporträt mit Dornenhalsband" (1940):

Hier zeigt sich Kahlo mit einem Dornenhalsband und einem kleinen Affen auf ihrer Schulter. Das Halsband, das ihr Schmerz zufügt, könnte ihre Leiden und die Hindernisse in ihrem Leben symbolisieren, während der Affe, ein häufiges Motiv in ihren Werken, Schutz und Gesellschaft darstellen könnte.

"Henry Ford Hospital" (1932):

Dieses Bild entstand nach Kahlos Fehlgeburt und ist voller Symbolik. Auf einem Krankenhausbett liegend und umgeben von Gegenständen, die mit ihrem Verlust in Verbindung stehen – ein Fötus, eine Orchidee, eine Maschine und ein Becken –, porträtiert sie ihre Trauer und ihren körperlichen sowie seelischen Schmerz.

"Viva la Vida" (1954):

Eines ihrer letzten Werke, ein lebhaftes Stillleben mit Wassermelonen, trägt die Inschrift „Viva la Vida" (Lebe das Leben). Trotz ihrer anhaltenden gesundheitlichen Probleme zeigt dieses Bild eine feierliche Anerkennung des Lebens und seiner Vergänglichkeit.

"Selbstporträt mit Thorn Necklace and Hummingbird" (1940):

In diesem Bild kombiniert Kahlo Schönheit und Schmerz. Das Dornenhalsband, das ihre Kehle verletzt, und der Kolibri, ein Symbol für Hoffnung, erzeugen eine starke visuelle und emotionale Wirkung.

Diese Analysen offenbaren die Tiefe und Komplexität von Frida Kahlos Kunst. Ihre Fähigkeit, persönliche Leiden und kulturelle Identität auf so eindringliche und eindrucksvolle Weise darzustellen, macht sie zu einer der faszinierendsten Künstlerinnen des 20. Jahrhunderts.

Techniken und Stilelemente in ihrer Malerei

Frida Kahlo ist berühmt für ihre einzigartigen und ausdrucksstarken Selbstporträts, die durch ihre lebhaften Farben, symbolischen Elemente und eindrucksvollen Stilelemente auffallen. Im Folgenden werden einige Schlüsselaspekte ihrer Maltechniken und Stilelemente dargestellt:

Symbolismus und Surrealismus:

Obwohl Kahlo selbst sich nicht als Surrealistin betrachtete, zeigen ihre Werke oft surrealistische Züge. Sie verwendete Traumsymbole und fantastische Elemente, um ihre innersten Gedanken und Gefühle auszudrücken. Viele ihrer Gemälde enthalten starke symbolische Bilder, die oft von ihren persönlichen Erfahrungen und ihrem mexikanischen Erbe beeinflusst sind.

Farbverwendung:

Die Farbpalette in Kahlos Werken ist oft lebhaft und intensiv. Sie verwendete Farben, um Emotionen zu verstärken und ihre Geschichten zu erzählen. Leuchtendes Rot, tiefes Blau und kräftiges Grün sind in vielen ihrer Bilder prominent vertreten und tragen zur Darstellung starker Emotionen bei.

Porträtmalerei:

Frida Kahlo ist vor allem für ihre Selbstporträts bekannt. In diesen Werken erforschte sie verschiedene Aspekte ihrer Identität, einschließlich ihrer Nationalität, ihres Gesundheitszustandes und ihrer Weiblichkeit. Diese Porträts sind oft intensiv und durchdringend, wobei sie den Betrachter direkt anschaut, was eine unmittelbare emotionale Verbindung schafft.

Einbindung persönlicher Erfahrungen:

Viele von Kahlos Werken sind tief persönlich und spiegeln ihre eigenen Lebenserfahrungen wider. Sie thematisierte ihren Schmerz, ihre Leidenschaften und ihre politischen Überzeugungen. Besonders auffallend sind ihre Darstellungen von physischem und emotionalem Leid, die oft als Mittel zur Erkundung ihrer Identität und ihres Körpers dienen.

Mexikanische Kultur und Tradition:

Frida Kahlos Kunst ist tief in der mexikanischen Kultur verwurzelt. Ihre Bilder enthalten oft Elemente traditioneller mexikanischer Kunst und Folklore, einschließlich indigener Symbolik und Techniken. Sie feierte ihre kulturelle Identität durch die Verwendung dieser Elemente und trug damit zu einer größeren Anerkennung und Wertschätzung der mexikanischen Kunst und Kultur bei.

Detailreichtum und Feinheit:

Kahlo achtete auf feine Details in ihren Gemälden, die oft komplexe emotionale Geschichten und tiefe symbolische Bedeutungen enthalten. Dieser Detailreichtum ist charakteristisch für ihr Werk und lädt den Betrachter ein, sich intensiv mit jedem Stück auseinanderzusetzen.

Insgesamt zeichnen sich Frida Kahlos Malereien durch ihre emotionale Intensität, ihren Symbolreichtum und ihre kulturelle Tiefe aus. Sie bleiben ein wesentlicher Bestandteil der Kunstgeschichte und eine unvergessliche Quelle der Inspiration.

KAPITEL 3
Liebe und Revolution

Ihre Beziehung zu Diego Rivera und anderen Zeitgenossen

Frida Kahlos Leben war stark geprägt durch ihre Beziehung zu dem berühmten mexikanischen Maler Diego Rivera. Sie heirateten 1929, und ihre Ehe war sowohl leidenschaftlich als auch turbulent, gezeichnet von beiderseitigen Affären und künstlerischen Differenzen. Trotz ihrer häufig konfliktreichen Beziehung war Rivera ein wichtiger künstlerischer Mentor für Frida und beeinflusste ihre Arbeit tiefgehend. Ihre Beziehung zu Rivera spiegelte sich oft in ihren Gemälden wider, in denen sie die verschiedenen Facetten ihrer Liebe, ihres Schmerzes und ihrer Verbundenheit darstellte.

Neben Rivera hatte Kahlo Beziehungen zu mehreren anderen bedeutenden Persönlichkeiten ihrer Zeit, darunter Leon Trotzki, mit dem sie eine kurze Affäre hatte, nachdem er politisches Asyl in Mexiko fand. Diese Verbindungen hatten oft auch einen politischen Charakter, da sowohl Frida als auch Diego aktive Mitglieder der kommunistischen Bewegung waren.

Ihr politisches Engagement und dessen Einfluss auf ihre Kunst und Öffentlichkeitswahrnehmung

Frida Kahlos Leben und Werk waren tiefgreifend von ihrem politischen Engagement geprägt. In diesem Kapitel beleuchten wir, wie ihre politischen Überzeugungen sowohl ihre Kunst als auch ihre Wahrnehmung in der Öffentlichkeit beeinflusst haben:

- **Politische Überzeugungen:** Frida Kahlo war bekannt für ihre starken politischen Ansichten, insbesondere ihre Unterstützung des Kommunismus und ihre Bewunderung für die russische Revolution. Ihre politische Identität formte einen wesentlichen Teil ihrer persönlichen und künstlerischen Identität.

- **Engagement in der Kommunistischen Partei:** Kahlo trat der Mexikanischen Kommunistischen Partei bei und war aktiv in politischen Bewegungen involviert. Diese Verbindungen und Überzeugungen spiegelten sich häufig in ihrer Kunst wider, in der sie soziale und politische Themen ansprach.

- **Diego Rivera und gemeinsame politische Aktivitäten:** Ihre Beziehung zu Diego Rivera, einem ebenfalls politisch aktiven Künstler, verstärkte ihr politisches Engagement. Gemeinsam waren sie in verschiedenen politischen Kreisen aktiv und unterstützten politische Ursachen.

- **Darstellung politischer Symbole in ihrer Kunst:** Kahlo integrierte politische Symbole und Themen in ihre Kunst. In einigen ihrer Werke sind hammer- und sichelförmige Elemente zu erkennen, die den Kommunismus symbolisieren.

- **Einfluss auf die öffentliche Wahrnehmung:** Kahlos politische Ansichten und ihre Darstellung in der Kunst hatten großen Einfluss auf ihre Wahrnehmung in der Öffentlichkeit. Während sie in politischen Kreisen oft als Symbolfigur gefeiert wurde, sorgten ihre Ansichten auch für Kontroversen und Diskussionen.

- **Politische Kunst als Vermächtnis:** Ihr politisches Engagement hat einen bleibenden Einfluss auf die Art und Weise, wie ihre Kunst interpretiert und gewürdigt wird. Sie wird nicht nur als herausragende Künstlerin, sondern auch als wichtige politische Figur angesehen.

Kahlos Kunst und politisches Engagement sind untrennbar miteinander verbunden. Ihre Werke bieten einen tiefen Einblick in ihre politischen Überzeugungen und zeigen, wie sie Kunst als Medium zur Äußerung ihrer politischen Ansichten und zur Unterstützung der von ihr vertretenen Bewegungen nutzte.

Freundschaften und Netzwerke in der Kunst- und Politwelt

Frida Kahlos Leben und Werk waren tiefgreifend von ihrem politischen Engagement geprägt. In diesem Kapitel beleuchten wir, wie ihre politischen Überzeugungen sowohl ihre Kunst als auch ihre Wahrnehmung in der Öffentlichkeit beeinflusst haben:

- **Künstler- und Intellektuellenkreise:** Frida Kahlo war bekannt dafür, sich in künstlerischen und intellektuellen Kreisen zu bewegen. Sie pflegte Beziehungen zu einigen der bedeutendsten Persönlichkeiten ihrer Zeit, nicht nur in Mexiko, sondern weltweit. Diese Beziehungen boten ihr Inspiration und Unterstützung für ihre eigene künstlerische Arbeit.

- **Verbindung mit anderen Künstlern:** Kahlos Freundschaften mit anderen Künstlern, darunter die berühmten Namen wie Diego Rivera, ihr Ehemann und die Fotografin Tina Modotti, waren tiefgreifend. Diese Beziehungen waren nicht nur persönlicher Natur, sondern beeinflussten auch ihre professionelle Entwicklung und ihr künstlerisches Schaffen.

- **Politische Verbindungen:** Frida Kahlos Engagement in der Kommunistischen Partei brachte sie in Kontakt mit wichtigen politischen Persönlichkeiten ihrer Zeit. Diese politischen Verbindungen spiegelten sich nicht nur in ihrem persönlichen Leben, sondern auch in ihrer Kunst wider.

- **Einfluss auf ihre künstlerische Arbeit:** Die vielfältigen Beziehungen und Netzwerke, in denen sich Kahlo bewegte, hatten einen spürbaren Einfluss auf ihr Werk. Der Austausch mit anderen Künstlern, Schriftstellern und politischen Aktivisten bereicherte ihre Perspektiven und fand Ausdruck in ihren lebendigen, oft sehr persönlichen Gemälden.

Insgesamt zeigt dieses Kapitel, wie Frida Kahlos vielfältige soziale und politische Netzwerke eine wesentliche Rolle in ihrer Entwicklung als Künstlerin spielten und wie sie sowohl Inspiration als auch direkte Einflüsse aus diesen Beziehungen schöpfte.

KAPITEL 4
Das Vermächtnis einer Ikone

Ihre Rolle als Symbol für Stärke und Individualität

Frida Kahlo ist weit über die Kunstwelt hinaus zu einer Kultfigur geworden. Sie wird oft als Symbol für Stärke und Individualität gefeiert. Trotz zahlreicher gesundheitlicher und persönlicher Rückschläge blieb Kahlo unbeugsam und setzte ihre Kunst als Mittel zur Selbstdarstellung und -erforschung ein. Ihre Fähigkeit, Leid in kreative Energie umzuwandeln, sowie ihr unverwechselbarer Stil, der sich in ihrem Kleid und ihrer künstlerischen Arbeit zeigte, machten sie zu einer Ikone der Selbstakzeptanz und des Feminismus. Für viele steht Frida Kahlo für den Mut, authentisch zu sein und sich gegen gesellschaftliche Normen zu stellen.

Popularität in der Popkultur und Medien

In den letzten Jahrzehnten hat Frida Kahlos Präsenz in der Popkultur und den Medien zugenommen. Sie wird in Filmen, Büchern, Mode und Musik zitiert und gefeiert. Der Film „Frida" aus dem Jahr 2002, in dem Salma Hayek die Titelrolle spielte, trug wesentlich zur Popularisierung ihres Lebens und ihrer Arbeit bei einem breiteren Publikum bei.

Ihr Bildnis und ihre Kunstwerke sind in verschiedenen Formen in der Mode- und Designwelt zu sehen, von T-Shirts und Taschen bis hin zu High-End-Modenschauen. In der Musik wurde sie von zahlreichen Künstlern als Inspirationsquelle genannt und taucht in Songtexten auf.

In den sozialen Medien hat sich eine lebendige Gemeinschaft gebildet, die sich Frida Kahlos Werk und Erbe widmet. Es gibt zahlreiche Instagram-Accounts, Blogs und Online-Foren, in denen Fans Kunstwerke teilen, die von ihr inspiriert sind, oder Fotos von sich in Kahlo-inspirierten Outfits posten.

Frida Kahlo ist zu einem universellen Symbol geworden, das über die Grenzen von Zeit und Kultur hinausgeht. Ihre Fähigkeit, ihre innere Welt und Erfahrungen auf eine Weise auszudrücken, die universell resoniert, hat ihr einen bleibenden Platz in der Weltkultur gesichert. Ihre Geschichte und ihr Werk bleiben eine Quelle der Inspiration und Bewunderung für viele Menschen weltweit.

Kahlos Einfluss auf moderne Künstler und Denker

Frida Kahlos Werk und Leben haben Generationen von Künstlern und Denkern inspiriert. Ihre unverwechselbare Art, Emotionen und Erfahrungen in ihrer Kunst zu kanalisieren, hat sie zu einer einflussreichen Figur in der Welt der modernen Kunst gemacht. Viele zeitgenössische Künstler zitieren Kahlo als wichtige Inspirationsquelle, besonders hinsichtlich ihrer innovativen Selbstporträts und ihrer mutigen Thematisierung von Themen wie Identität, Körperlichkeit und Gender.

Darüber hinaus hat Kahlos Fähigkeit, persönliches Leid in kraftvolle Kunstwerke zu transformieren, zahlreiche Künstler in verschiedenen Medien beeinflusst – von der Malerei über die Fotografie bis hin zur Performance-Kunst. Ihre Werke sind oft Ausgangspunkt für Diskussionen über die Rolle der Kunst in der Heilung und persönlichen Transformation.

Bedeutung ihrer Arbeit für feministische und kulturelle Diskurse

Frida Kahlos Bedeutung erstreckt sich weit über die Kunstwelt hinaus und berührt wichtige feministische und kulturelle Diskurse. Ihre Selbstporträts, die ungeschönte Darstellung des weiblichen Körpers und ihre Auseinandersetzung mit Themen wie Unfruchtbarkeit und Geschlechterrollen haben sie zu einer Ikone des Feminismus gemacht. Sie wird oft als Vorreiterin in der Darstellung weiblicher Erfahrungen und Gefühle in einer von Männern dominierten Kunstwelt angesehen.

In kultureller Hinsicht hat Kahlo durch ihre enge Verbundenheit mit ihrer mexikanischen Herkunft und der Darstellung indigener Traditionen in ihrer Kunst dazu beigetragen, ein Licht auf nicht-westliche Perspektiven zu werfen. Ihre Werke sind ein lebendiges Testament der reichen Kultur und Geschichte Mexikos und haben eine neue Wertschätzung für diese Traditionen in der globalen Kunstszene geschaffen.

Kahlo bleibt eine Schlüsselfigur in Diskussionen über die Kreuzung von Kunst, Geschlecht und Kultur. Ihr Erbe lebt in der kontinuierlichen Anerkennung und Feier ihrer Arbeiten sowie in der fortlaufenden Relevanz ihrer Themen in heutigen sozialen und politischen Diskursen weiter.

Betrachtungen von Künstlern und Akademikern über ihr Erbe

Frida Kahlo hat nicht nur in der Kunstwelt, sondern auch in akademischen Kreisen einen unauslöschlichen Eindruck hinterlassen. Zeitgenössische Künstler sehen in ihr eine Quelle der Inspiration, bewundern ihre Fähigkeit, persönliche Erlebnisse und Schmerz in beeindruckende Kunstwerke zu transformieren. Ihr intensiver Selbstausdruck und ihre emotionale Tiefe finden in vielen modernen Kunstformen ein Echo. Kahlos Werke werden als Fenster zu ihrer Seele und als Spiegel der Gesellschaft betrachtet, in der sie lebte.

Auf akademischer Ebene wird Kahlo häufig für die einzigartigen Weisen gewürdigt, wie sie persönliche und kulturelle Identität, Geschlechterrollen und politische Themen in ihrer Kunst verarbeitete. Kunstgeschichtler und Kulturwissenschaftler analysieren tiefgreifend die Symbole und Themen in ihren Bildern, die oftmals traditionelle Geschlechterrollen hinterfragen und neu definieren. Diese Analysen haben dazu beigetragen, Kahlo als eine wichtige Figur in der Geschichte der feministischen Kunst zu etablieren.

In der feministischen Bewegung wird Frida Kahlo oft als Ikone gefeiert. Ihre Selbstporträts und Werke, die Themen wie persönliche Freiheit und Unabhängigkeit erforschen, dienen als bedeutende Referenzen in Diskussionen über die Rolle der Frau in der Gesellschaft und in der Kunst. Kahlos Einfluss reicht weit über die Grenzen der traditionellen Kunst hinaus und inspiriert Menschen weltweit, über die Rolle der Frau in verschiedenen Kulturen und Epochen nachzudenken. Ihre Kunst wird als mutig, revolutionär und wegweisend betrachtet, nicht nur wegen ihrer ästhetischen Qualität, sondern auch wegen ihrer tiefen sozialen und politischen Aussagen.

KAPITEL 5
Die unzähligen Gesichter der Frida

Bedeutung ihrer Selbstporträts

Frida Kahlos Selbstporträts sind ein zentraler und prägender Teil ihres künstlerischen Werks. Sie sind nicht nur Darstellungen ihrer physischen Erscheinung, sondern bieten tiefere Einblicke in ihre psychische und emotionale Welt. Durch ihre Selbstporträts drückte Kahlo ihre innere Realität aus, die von physischem Leid, emotionaler Intensität und einer tiefen Verwurzelung in ihrer kulturellen Identität geprägt war.

Diese Porträts sind oft als Fenster in Kahlos Seele interpretiert worden. Sie zeigen ihre verschiedenen Facetten, von ihrer Verletzlichkeit bis zu ihrer Stärke. Diese Werke sind ehrlich und ungeschönt, und sie zeigen oft eine Kahlo, die direkt und unerschrocken den Betrachter ansieht. Dieser direkte Blick ist bezeichnend für ihre Art, sich der Welt und ihren Herausforderungen zu stellen.

Die häufige Verwendung von Symbolen und metaphorischen Elementen in ihren Selbstporträts verleiht diesen Bildern eine zusätzliche Dimension. Tiere, Natur, und traditionelle mexikanische Artefakte sind häufige Motive, die Kahlo benutzt, um ihre Verbindung zu ihrer Heimat und ihrer Kultur auszudrücken. Diese Symbole dienen auch dazu, ihre emotionalen Zustände und Gedanken zu verkörpern. So wird zum Beispiel Schmerz oft durch Dornen und Tränen dargestellt, während Vögel oder Schmetterlinge Freiheit und Transformation symbolisieren.

Darüber hinaus haben Kahlos Selbstporträts eine bedeutende Rolle im Kontext der feministischen Kunst gespielt. Sie stellt sich selbst als zentrales Subjekt dar und fordert damit traditionelle, männlich-dominierte Kunstkonventionen heraus. Ihre Selbstporträts sind Ausdruck ihrer Selbstbestimmung und ihrer Weigerung, sich in die Rolle des passiven Objekts zu fügen. In einer Zeit, in der Frauen in der Kunst oft marginalisiert waren, werden Kahlos Selbstporträts als kraftvolle Aussagen der Selbstbehauptung und des persönlichen Ausdrucks gewertet.

Insgesamt sind Frida Kahlos Selbstporträts nicht nur bemerkenswerte Kunstwerke, sondern auch kulturelle Artefakte, die Einblicke in das Leben und die Erfahrungen einer außergewöhnlichen Künstlerin bieten. Sie sind Zeugnisse ihrer inneren Kämpfe, ihrer kulturellen Identität und ihres künstlerischen Genies.

Selbstdarstellung und Identitätsfragen in ihrer Kunst

Die Kunst von Frida Kahlo ist geprägt von einer tiefen Auseinandersetzung mit Selbstbild und Identität. Ihre Werke, insbesondere ihre zahlreichen Selbstporträts, sind eine unermüdliche Erforschung und Darstellung ihres eigenen Selbst. In diesen Bildern stellt Kahlo sich oft in verschiedenen Rollen und mit unterschiedlichen Attributen dar, die Teile ihrer komplexen Identität beleuchten.

Kahlo war bekannt für ihre Fähigkeit, durch ihre Kunst ein vielschichtiges Bild ihrer Persönlichkeit zu zeichnen. Sie war gleichzeitig eine Künstlerin, eine Frau, eine Leidende und eine Kämpferin. Ihre Bilder vermitteln einen tiefen Eindruck von der Mehrdimensionalität ihrer Persönlichkeit und Lebenserfahrung. Kahlo nutzte ihre Kunst, um sich selbst in all ihren Facetten auszudrücken – ihre physischen Schmerzen, ihre emotionalen Leiden, ihre politischen Überzeugungen und ihre kulturelle Identität.

Ein wiederkehrendes Thema in Kahlos Werk ist die Auseinandersetzung mit der eigenen Körperlichkeit und dem eigenen physischen Leiden. Ihre Gesundheitsprobleme und ihre zahlreichen Operationen hinterließen nicht nur physische, sondern auch psychische Narben, die sie in ihrer Kunst verarbeitete. Durch die explizite Darstellung ihres Leidens fordert Kahlo den Betrachter heraus, sich mit der Realität des körperlichen Schmerzes und der menschlichen Verletzlichkeit auseinanderzusetzen.

Neben ihren persönlichen Schicksalsschlägen thematisiert Kahlo in ihrer Kunst auch Fragen der kulturellen Identität. Sie verbindet traditionelle mexikanische Symbole und Motive mit modernen und surrealistischen Elementen, wodurch sie eine einzigartige visuelle Sprache schafft. Diese Kombination spiegelt ihr eigenes hybrides Verständnis von Identität wider – als Frau, die sowohl tief in der mexikanischen Kultur verwurzelt ist als auch Einflüsse der modernen Welt und ihrer politischen Strömungen in sich trägt.

Die Auseinandersetzung mit Geschlechterrollen und -identitäten ist ebenfalls ein zentrales Element in Kahlos Kunst. Durch die Darstellung ihrer selbst in verschiedenen Rollen – manchmal feminin, manchmal androgyn oder in männlicher Kleidung – hinterfragt und dekonstruiert sie traditionelle Vorstellungen von Weiblichkeit und Geschlecht. Kahlos Werk ist somit auch eine Erkundung und ein Ausdruck von Geschlechterfluidität und einer Abkehr von starren Geschlechternormen.

Insgesamt stellen Frida Kahlos Werke eine tiefgreifende Auseinandersetzung mit Fragen der Selbstdarstellung und Identität dar. Ihre Bilder sind persönliche Erkundungen, die gleichzeitig universelle Themen wie Schmerz, Leid, kulturelle Zugehörigkeit und Geschlechterrollen berühren. Sie bieten einen seltenen und ehrlichen Einblick in das Leben und den Geist einer Künstlerin, die trotz zahlreicher Herausforderungen ihre eigene Stimme und Identität behauptet hat.

Verhältnis zu Feminismus und kultureller Identität

Frida Kahlos Kunst und Leben stehen in enger Beziehung zum Feminismus und zur kulturellen Identität. Ihre Werke und ihr persönlicher Kampf haben sie zu einer Ikone des Feminismus und einer wichtigen Figur in Diskussionen über kulturelle Identität gemacht.

Kahlos Verhältnis zum Feminismus ist geprägt von ihrem unerschütterlichen Willen, sich gegen traditionelle Geschlechterrollen und gesellschaftliche Erwartungen an Frauen zu wehren. In einer Zeit, in der Frauen in der Kunstwelt oft marginalisiert wurden, behauptete sie sich als unabhängige, selbstbewusste Künstlerin. Ihre Darstellungen des weiblichen Körpers und ihrer persönlichen Erfahrungen mit Schmerz, Abtreibung, Fehlgeburt und Ehebruch waren revolutionär. Sie stellte diese Themen auf eine Weise dar, die sowohl roh als auch tief empfindsam war, und trug so dazu bei, Tabus rund um den weiblichen Körper und weibliche Erfahrungen zu brechen.

Zudem war Kahlo eine Vorreiterin in der Anerkennung und Feier ihrer kulturellen Wurzeln. Ihre Identität als Mexikanerin prägte stark ihre künstlerischen Arbeiten. Sie kleidete sich in traditionelle mexikanische Trachten und integrierte Elemente indigener mexikanischer Kunst in ihre Gemälde. In einer Zeit der kulturellen Homogenisierung und des Drucks zur Anpassung an westliche Normen, setzte sie ein starkes Statement für die Bewahrung und Wertschätzung der eigenen Kultur und Herkunft.

Kahlo war auch bekannt für ihre kritische Haltung gegenüber der damaligen Gesellschaft und deren Umgang mit Geschlecht und Rasse. Ihre Werke thematisieren oft Ungerechtigkeit, Unterdrückung und die Auswirkungen kolonialer Machtstrukturen. Sie war eine Kämpferin, die nicht nur für die Rechte der Frauen eintrat, sondern auch für die Rechte indigener Völker und gegen soziale Ungleichheit.

Ihr Einfluss erstreckt sich bis in die moderne feministische Bewegung und kulturelle Diskurse. Kahlos Leben und Kunst inspirieren weiterhin Künstler, Denker und Aktivisten weltweit. Sie wird gefeiert als eine Frau, die sich mutig über gesellschaftliche Zwänge hinwegsetzte, ihre eigenen Schmerzen und Erfahrungen zum Ausdruck brachte und damit eine tiefe, dauerhafte Verbindung zu vielen Menschen herstellte, die sich mit Themen der Unterdrückung, Identität und Selbstfindung auseinandersetzen.

Kurz gesagt, Frida Kahlo ist mehr als nur eine Künstlerin; sie ist ein Symbol für den Kampf gegen Unterdrückung und für die Akzeptanz der eigenen Identität. Ihr Lebenswerk ist ein lebendiges Testament der Kraft der Kunst, gesellschaftliche Normen in Frage zu stellen und einen Raum für tiefe, persönliche Ausdrucksformen zu schaffen.

KAPITEL 6
Fridas Welt in ihren eigenen Worten

Die Bedeutung von Frida Kahlos Worten

Frida Kahlo, eine Künstlerin, die weit über die Grenzen der Malerei hinaus bekannt ist, hinterließ der Welt nicht nur ein beeindruckendes künstlerisches Erbe, sondern auch eine Fülle von Worten, die ihre tiefsten Gedanken und Überzeugungen widerspiegeln. In dieser Einleitung betrachten wir die Bedeutung der Worte Frida Kahlos und wie sie es schaffte, durch sie eine direkte, emotionale Verbindung mit dem Betrachter herzustellen.

Frida Kahlo war bekannt für ihre unverblümte Art und ihre Fähigkeit, komplexe Emotionen und Gedanken in einfachen, aber kraftvollen Worten auszudrücken. Ihre Zitate sind mehr als nur gesprochene Sprache; sie sind Fenster in ihre Seele, Einblicke in das Leben einer Frau, die durch außergewöhnliche Umstände geformt wurde. Jedes Wort, das sie hinterließ, war durchtränkt von der Intensität ihrer Erfahrungen – von tiefem Schmerz bis hin zu unerschütterlicher Liebe und kreativer Leidenschaft.

Ihre Worte haben auch heute noch eine ungebrochene Relevanz. Sie sprechen universelle Themen an wie Liebe, Schmerz, Selbstfindung und Resilienz. Diese Themen finden in der modernen Gesellschaft, die sich zunehmend mit Identitäts- und Selbstausdrucksfragen beschäftigt, großen Anklang. Fridas Worte bieten Inspiration und Trost, besonders für jene, die sich in Zeiten der Herausforderung und des Wandels befinden.

Darüber hinaus bieten ihre Aussagen wertvolle Einblicke in die Denkweise einer der einflussreichsten Künstlerinnen des 20. Jahrhunderts. Ihre Ansichten zu Kunst, Politik und Gesellschaft zeigen uns, wie sie die Welt um sich herum wahrnahm und sind ein wesentlicher Bestandteil des Verständnisses ihres künstlerischen Werks.

In den folgenden Abschnitten werden wir eine Auswahl ihrer markantesten Zitate erforschen und diese in den Kontext ihres Lebens und ihrer Zeit stellen. Durch die Betrachtung ihrer Worte in diesem Licht, können wir nicht nur mehr über Frida Kahlo als Person lernen, sondern auch über die verschiedenen Facetten der menschlichen Erfahrung, die sie so leidenschaftlich in ihrer Kunst und in ihren Worten zum Ausdruck brachte.

Zitate über Frida Kahlos Lebenseinstellung und Lebensphilosophie

Frida Kahlo, bekannt für ihre unverwechselbare Persönlichkeit und tiefe Reflexionen über das Leben, hinterließ uns viele Zitate, die ihre Lebenseinstellung und Philosophie veranschaulichen. Hier sind einige ihrer prägnantesten Aussagen, die uns Einblicke in ihr Denken und Fühlen bieten:

"Füße, wozu brauche ich sie, wenn ich Flügel zum Fliegen habe?"

Dieses Zitat spiegelt Fridas unbeugsamen Geist und ihre Entschlossenheit wider, sich über physische und emotionale Hindernisse zu erheben.

"Ich male meine eigene Realität. Das Einzige, das ich weiß, ist, dass ich male, weil ich es muss, und ich male alles, was an meinem Kopf vorbeizieht, ohne jede andere Überlegung."

Hier spricht sie über die tiefe Notwendigkeit des künstlerischen Ausdrucks und ihre Weigerung, sich von äußeren Einflüssen beeinflussen zu lassen.

"Ich versuche nicht, die Welt zu verstehen. Ich versuche nur, mir in ihr einen Platz zu sichern."

Dies zeigt Fridas pragmatischen Blick auf das Leben und ihre Suche nach einem Sinn in einer oft verwirrenden Welt.

"Ich trinke, um zu vergessen, aber jetzt erinnere ich mich."

In diesem Zitat drückt sie ihre Kämpfe mit dem Schmerz und dem Wunsch, zu entfliehen, sehr offen aus.

"Die Tragödie ist das beeindruckendste Element des Lebens. Ich wende mich ihr zu, wie man sich der Sonne zuwendet."

Frida Kahlos Anziehungskraft gegenüber dem Leidensaspekt des Lebens wird in diesem Zitat deutlich.

"Sie dachten, ich wäre eine Surrealistin, aber ich war nicht. Ich habe nie Träume gemalt. Ich habe meine eigene Realität gemalt."

Hier betont sie ihre künstlerische Unabhängigkeit und ihren Realismus, der oft mit Surrealismus verwechselt wurde.

"Der Schmerz, die Freude und der Tod sind nicht mehr als ein Prozess zum Leben. Das revolutionäre Leben ist immer ein interner Prozess."

Frida reflektiert hier über die unzertrennlichen Bestandteile des Lebens und deren Bedeutung für die persönliche Entwicklung.

Diese Zitate illustrieren nicht nur Frida Kahlos einzigartige Sichtweise auf das Leben, sondern bieten auch universelle Einsichten, die vielen Menschen in ihren eigenen Lebenserfahrungen widerhallen. Fridas Worte bleiben ein kraftvolles Testament ihrer Stärke, Resilienz und ihres unerschöpflichen Geistes.

Interpretation von Frida Kahlos Worten zur Bedeutung des Lebens, Kunst und Kreativität

Frida Kahlo, eine Künstlerin, die durch ihre intensiven und farbenfrohen Werke sowie durch ihre tiefgründigen Aussagen über das Leben bekannt ist, hat eine reiche Quelle an Inspiration hinterlassen, besonders in Bezug auf die Bedeutung von Leben, Kunst und Kreativität. Ihre Worte können auf verschiedene Weise interpretiert werden:

- **Leben als Ausdruck der Resilienz:** Frida Kahlos Leben war geprägt von physischen und emotionalen Schmerzen. Ihre Fähigkeit, trotz dieser Herausforderungen zu überleben und zu gedeihen, zeigt sich in ihrer Einstellung, dass Leben eine Reihe von Prozessen ist, die man durchlebt und die zur eigenen Entwicklung beitragen. Dies spiegelt die Idee wider, dass wahre Stärke aus der Fähigkeit entsteht, Widrigkeiten zu überwinden.

- **Kunst als Spiegel der Realität:** Kahlo vertrat die Ansicht, dass Kunst eine Darstellung der eigenen Realität und kein Fluchtversuch sein sollte. Dies spiegelt sich in ihrer Ablehnung des Surrealismus wider. Ihre Bilder sind oft brutal ehrlich und stellen ihre eigenen Erfahrungen und Emotionen dar, was zeigt, wie Kunst als Mittel zur Selbstexploration und zum Ausdruck innerer Wahrheiten dienen kann.

- **Kreativität als Notwendigkeit:** Für Kahlo war das Malen eine Notwendigkeit, ein lebenswichtiger Teil ihrer Existenz. Dies zeigt, wie tief die kreative Praxis in das Selbstverständnis eines Künstlers eingebettet sein kann. Ihre Aussage, dass sie malt, weil sie muss, unterstreicht die Bedeutung von Kunst als wesentlicher Ausdrucksform der menschlichen Erfahrung.

- **Einen Platz in der Welt finden:** Frida Kahlos Worte über das Suchen eines Platzes in der Welt spiegeln ein universelles menschliches Streben wider. Es geht darum, eine Identität zu formen und Bedeutung in einer oft chaotischen und unverständlichen Welt zu finden. Ihre Kunst war ein Weg, diesen Platz zu schaffen und zu behaupten.

- **Die Anziehungskraft der Tragödie:** Kahlo erkennt die Tragödie als einen wesentlichen Teil des Lebens an und wendet sich ihr zu, anstatt sie zu meiden. Dies könnte darauf hindeuten, dass sie in der Tragödie eine Quelle künstlerischer Inspiration und menschlicher Wahrheit sah. Ihre Fähigkeit, Schmerz in Schönheit umzuwandeln, ist ein Kernthema in ihrer Kunst.

Insgesamt zeigen Frida Kahlos Worte und Werke, dass Leben, Kunst und Kreativität untrennbar miteinander verbunden sind. Ihr Vermächtnis inspiriert uns, im Angesicht von Widrigkeiten kreativ zu bleiben, unsere eigenen Geschichten zu erzählen und in der Kunst einen Spiegel unserer tiefsten Selbst zu finden.

Sammlung von Frida Kahlos Aussagen über Kunst

Frida Kahlos tiefe Verbindung zur Kunst und ihr künstlerisches Selbstverständnis spiegeln sich in ihren zahlreichen Aussagen und Zitaten wider. Hier sind einige ihrer prägnanten Worte über Kunst, die bisher noch nicht erwähnt wurden:

"Ich möchte, dass meine Kunst etwas ist. Ich möchte, dass sie Leben trägt."

"Malen ist für mich wie ein Tagebuch führen. Jedes Bild ist eine Geschichte, die ich erzählen muss."

"Kunst ist die beste Form des Tagebuchs. Man kann sich in Farben und Formen verlieren, die man nicht in Worten ausdrücken kann."

"Ich bin nicht krank. Ich bin zerbrochen.
Aber ich bin glücklich, solange ich malen
kann."

"Ich male keine Träume oder Alpträume.
Ich male meine eigene Realität."

"Ein Kunstwerk sollte etwas in einem Menschen hervorrufen, es sollte unter die Haut gehen, das Herz berühren."

Diese Zitate verdeutlichen, wie sehr die Kunst ein integraler Bestandteil von Frida Kahlos Leben war. Sie nutzte die Malerei, um ihre innersten Gefühle, Gedanken und Erfahrungen auszudrücken. Ihre Werke sind daher nicht nur ästhetisch ansprechend, sondern auch tiefgründig und aussagekräftig. Kahlo sah Kunst nicht nur als kreative Ausdrucksform, sondern auch als Mittel zur Selbstreflexion und als Möglichkeit, mit anderen auf einer emotionalen Ebene zu kommunizieren.

Diskussion der Bedeutung von Frida Kahlos künstlerischer Arbeit im Kontext von Liebe und Beziehungen

Frida Kahlos künstlerische Arbeit ist stark geprägt von den Themen Liebe und Beziehungen. Ihre intensiven und oft komplexen persönlichen Erfahrungen fanden Ausdruck in ihren Gemälden, die dadurch eine tiefgreifende emotionale Schicht erhalten.

Kahlos Beziehung zu dem berühmten Maler Diego Rivera war eine der prägendsten Erfahrungen in ihrem Leben und diente oft als Inspiration für ihre Kunst. Ihre Ehe war gekennzeichnet durch tiefe Liebe, aber auch durch Leidenschaft, Verrat und Schmerz. Diese Dynamik spiegelt sich in vielen ihrer Werke wider, in denen sie Liebe nicht nur als Quelle von Freude, sondern auch von Leid darstellt.

Ein markantes Beispiel für die Verarbeitung ihrer Beziehung in der Kunst ist das Gemälde "Diego und ich" (1949). In diesem Selbstporträt stellt sich Kahlo mit einem kleinen Porträt von Rivera auf ihrer Stirn dar, was ihre obsessive Gedankenwelt und emotionale Abhängigkeit von ihm symbolisiert.

Auch ihre Affären und romantischen Beziehungen zu anderen Personen, darunter auch Frauen, spielten eine Rolle in ihren Kunstwerken. Kahlo war bekannt für ihre sexuelle Freiheit und Unabhängigkeit, die sie in einer Zeit auslebte, als solche Themen gesellschaftlich noch stark tabuisiert wurden. Ihre Kunstwerke, in denen sie sich mit diesen Aspekten ihres Lebens auseinandersetzt, waren oft mutig, offen und vor ihrer Zeit.

Insgesamt zeigt Frida Kahlos künstlerische Auseinandersetzung mit Liebe und Beziehungen, wie eng Kunst und Leben miteinander verflochten sein können. Ihre Fähigkeit, persönliche Erlebnisse und Gefühle in künstlerische Ausdrucksformen zu übersetzen, macht ihre Werke zeitlos und universell ansprechend. Kahlos Kunst bietet einen tiefen Einblick in die menschliche Seele und zeigt, wie Liebe in all ihren Facetten – sowohl erfreulich als auch schmerzhaft – das Leben und Schaffen eines Menschen beeinflussen kann.

Zitate von Frida Kahlo zu ihren persönlichen Beziehungen, insbesondere zu Diego Rivera

"Diego, es gibt nichts Vergleichbares zu unserer Liebe, sie ist das Merkwürdigste und Empfindsamste, das es gibt."

"Ich habe zwei große Unfälle in meinem Leben erlitten. Einer war der Zug, der andere war Diego. Diego war bei weitem der schlimmste."

"Diego war alles; mein Kind, mein Geliebter, mein Universum."

"Du verdienst eine Liebhaberin, die dich wach hält, die dich dazu bringt, dass du weißt, dass du auf der Welt bist."

"Ich leide oft, aber ich bin dankbar, dass ich mit Diego leide. Er ist das Wertvollste in meinem Leben."

"Nichts ist vergleichbar mit deinen Händen, nichts ist so nah wie die grünen Augen, die ich von meiner Bettdecke aus verlor."

Diese Zitate reflektieren die Tiefe und Komplexität von Frida Kahlos Beziehung zu Diego Rivera. Ihre Worte zeugen von einer Mischung aus Leidenschaft, Schmerz, Hingabe und einer tiefen emotionalen Verbindung, die das Paar trotz zahlreicher Herausforderungen zusammenhielt. Kahlos Ausdrucksweise ist dabei sowohl poetisch als auch intensiv und gibt einen Einblick in ihre innere Welt und die Dynamik ihrer Beziehung zu Rivera.

Analyse von Frida Kahlos Gedanken über Liebe und menschliche Verbindungen, Schmerz und Widerstandskraft

Frida Kahlos Ansichten über Liebe und menschliche Beziehungen waren tiefgründig und oft von einer Dualität von Schmerz und Leidenschaft geprägt. Ihre Beziehung zu Diego Rivera, aber auch ihre anderen menschlichen Verbindungen, waren für sie Quellen der Inspiration und des emotionalen Aufruhrs.

Kahlo betrachtete Liebe nicht nur als eine romantische oder physische Verbindung, sondern als eine komplexe und oft widersprüchliche Erfahrung, die sowohl Freude als auch Leiden mit sich brachte. In ihrer Kunst und ihren Schriften spiegelt sich diese Auffassung deutlich wider. Ihre Gemälde, die oft ihre eigenen Erfahrungen und Gefühle darstellen, zeigen eine tiefe Selbsterkenntnis und eine Auseinandersetzung mit ihren emotionalen Schmerzen.

Ihr Umgang mit Schmerz, insbesondere im Kontext ihrer zahlreichen gesundheitlichen Probleme und ihres turbulenten persönlichen Lebens, zeigt ihre außergewöhnliche Widerstandskraft. Kahlo nutzte ihre Kunst als ein Ventil für ihren emotionalen und physischen Schmerz. Sie fand in der kreativen Expression eine Form der Bewältigung und des Widerstands gegen ihre eigenen Leiden. Dies verleiht ihren Werken eine rohe, ungeschönte Ehrlichkeit, die die Betrachter tief berührt.

Zudem verband Kahlo ihre persönlichen Erfahrungen oft mit einem breiteren sozialen und politischen Kontext, was ihre Kunst universell und zeitlos macht. Ihre Sicht auf Liebe und Leid sowie ihre Fähigkeit, trotz Widrigkeiten künstlerisch tätig zu sein, machten sie zu einer Symbolfigur für Widerstandskraft und menschliche Tiefe. Kahlo zeigt, dass Schmerz und Schönheit oft Hand in Hand gehen und dass wahre Stärke oft in der Verletzlichkeit liegt.

Zitate, die ihre Ansichten zum Feminismus und zur weiblichen Unabhängigkeit wiedergeben

Frida Kahlo, obwohl sie nicht explizit als Feministin bezeichnet werden könnte im heutigen Sinne des Wortes, verkörperte doch viele der Prinzipien, die mit feministischem Denken und der Befürwortung weiblicher Unabhängigkeit assoziiert werden. Ihre Zitate spiegeln oft ihre starken, unabhängigen Ansichten wider. Hier sind einige Beispiele:

"Ich bin meine eigene Muse. Ich bin das Thema, das ich am besten kenne. Das Thema, das ich retten will."

"Ich verlasse mich nicht auf die Augen
der Männer, um meine Realität zu
definieren."

"Füße, wozu brauche ich sie, wenn ich
Flügel zum Fliegen habe?"

"Ich male meine eigene Realität. Die einzige Sache, die ich weiß, ist, dass ich male, weil ich es muss, und ich male immer, was an meinem Kopf vorbeizieht, ohne irgendwelche anderen Überlegungen."

"Ich habe mein Leben lang gegen zwei Dinge gekämpft: gegen die sterbliche Verletzlichkeit und gegen die männliche Vorherrschaft."

Diese Zitate zeigen Kahlos Einstellung zu Selbstbestimmung, kreativer Unabhängigkeit und der Zurückweisung traditioneller Geschlechterrollen. Sie betonen die Bedeutung des Selbstausdrucks und der Selbstreflexion, unabhängig von externen Einflüssen und Erwartungen, insbesondere in einer von Männern dominierten Gesellschaft. Frida Kahlo bleibt eine inspirierende Figur, nicht nur aufgrund ihrer Kunst, sondern auch wegen ihrer starken Persönlichkeit und ihrer progressiven Ansichten über weibliche Unabhängigkeit und Selbstbestimmung.

Diskussion über die Bedeutung dieser Aussagen in der heutigen Zeit

Die Bedeutung von Frida Kahlos Aussagen in der heutigen Zeit ist enorm, insbesondere im Kontext von Kultur und Identität. Kahlo war ihrer Zeit in vielerlei Hinsicht voraus, besonders in Bezug auf die Akzeptanz und Feier von kultureller Identität und der Rolle der Frau in der Gesellschaft. Ihre Ansichten und künstlerischen Darstellungen bieten auch heute noch wichtige Einsichten.

Kahlo brachte durch ihre Kunst und ihre Worte ein tiefes Verständnis und eine Anerkennung ihrer mexikanischen Kultur zum Ausdruck. In einer Zeit, in der die Globalisierung und Homogenisierung Kulturen zu verschmelzen drohen, erinnern uns Kahlos Werke an die Bedeutung, die eigene kulturelle Identität zu bewahren und zu feiern. Ihr Einsatz von Symbolen und Bildern, die stark in der mexikanischen Tradition verwurzelt sind, dient als Inspirationsquelle für viele, die nach Wegen suchen, ihre eigene kulturelle Identität in einer zunehmend vernetzten Welt auszudrücken.

Zudem war Kahlo in ihrer Selbstdarstellung und in ihrer Kunst unerschrocken ehrlich, was Themen wie Körperlichkeit, Identität und Geschlechterrollen betrifft. In einer Zeit, in der Themen wie Geschlechtergleichheit und Repräsentation intensiv diskutiert werden, bleibt Kahlo ein Symbol für Selbstakzeptanz und den Mut, sich gegen gesellschaftliche Normen zu stellen. Ihre Selbstporträts und Aussagen bieten eine kraftvolle Perspektive auf die Bedeutung der Selbstakzeptanz und der Auseinandersetzung mit der eigenen Identität.

Insgesamt bietet Frida Kahlos Leben und Werk wichtige Lektionen und Inspirationen für aktuelle Diskussionen über Kultur, Identität und Geschlechterrollen. Ihre Fähigkeit, Schmerz in Schönheit umzuwandeln und ihre unerschütterliche Hingabe an ihre eigene authentische Selbstausdruck sind zeitlose Botschaften, die auch in der heutigen Gesellschaft eine tiefe Resonanz finden.

Ihre Worte zu mexikanischer Kultur und ihrer persönlichen Identität

Frida Kahlo, die tief mit ihrer mexikanischen Kultur und Herkunft verbunden war, drückte ihre Gefühle und Gedanken zu ihrer persönlichen Identität und ihrer Heimat oft in markanten Worten aus. Hier sind einige ihrer Zitate, die diese Beziehung beleuchten:

"Ich bin die Summe meiner Ursprünge, meiner mexikanischen Kultur, meiner mexikanischen Tradition."

"Mexiko ist in meinen Adern; ich bin in seinen Farben gemalt."

"Ich bin die Verkörperung Mexikos. Mein Werk und mein Leben sind geprägt von seinen Farben und seiner Kultur."

"In jedem Strich meiner Pinsel liegt Mexiko – seine Traditionen, seine Magie, seine lebendige Realität."

"Mein Werk und mein Geist sind untrennbar mit Mexiko verbunden. Mein Land formte mich und gab meinem Leben und meiner Kunst Sinn."

Diese Aussagen spiegeln nicht nur ihre tiefe Verbundenheit mit ihrer Heimat wider, sondern zeigen auch, wie sehr sie sich als Teil der reichen Kultur und Tradition Mexikos sah. Kahlo empfand ihre Kunst und Identität als untrennbar mit dem Land verbunden, das sie geprägt hat. Ihre Worte vermitteln ein lebendiges Bild ihrer Liebe und ihres Stolzes auf ihre mexikanische Herkunft.

Analyse, wie sie ihre kulturelle Herkunft in ihrer Kunst und ihrem Leben ausdrückte

Frida Kahlos Kunst und Leben waren tiefgreifend von ihrer mexikanischen Herkunft geprägt, und dies spiegelte sich auf vielfältige Weise wider. Ihre Werke waren oft eine Reflexion der mexikanischen Kultur, Tradition und Geschichte, vermischt mit persönlichen Erfahrungen und Empfindungen.

Kahlo nutzte traditionelle mexikanische Symbole und Stilelemente, um ihre eigene Geschichte und Emotionen auszudrücken. Sie malte in einer Zeit, in der Mexiko eine kulturelle Renaissance erlebte, die die nationale Identität stärken sollte. Diese "Mexikanidad" war eine Reaktion auf die vorangegangene Dominanz europäischer künstlerischer Traditionen. Kahlo integrierte Elemente der indigenen mexikanischen Kultur in ihre Kunst, einschließlich der Verwendung von Symbolen aus der präkolumbianischen Mythologie und Volkskunst.

Auch in ihrer Kleidung spiegelte sich ihre Liebe zur mexikanischen Kultur wider. Sie trug häufig traditionelle mexikanische Trachten, einschließlich der bunten Tehuana-Kleider, die eine kraftvolle feministische und politische Aussage waren. Diese Kleider waren nicht nur ein Ausdruck ihrer persönlichen Ästhetik, sondern auch ein Statement ihrer Solidarität mit den indigenen Kulturen Mexikos und ein Ausdruck ihres politischen Engagements.

Politisch war Kahlo eine aktive Kommunistin, was ebenfalls in ihrer Kunst und ihren öffentlichen Auftritten zum Ausdruck kam. Sie malte Porträts berühmter kommunistischer Führer und beteiligte sich an politischen Demonstrationen und Veranstaltungen. Kahlos Kunst war ein Mittel, um ihre politischen Überzeugungen und ihre Sicht auf gesellschaftliche Missstände zum Ausdruck zu bringen. Sie thematisierte in ihren Werken häufig soziale Ungerechtigkeiten, die indigene Bevölkerung Mexikos und die Unterdrückung der Frauen.

Insgesamt betrachtet, war Frida Kahlos Kunst ein Spiegelbild ihrer Identität, ihrer politischen Überzeugungen und ihrer tiefen Verbundenheit mit der mexikanischen Kultur. Sie nutzte ihre Werke, um ihre Gedanken und Gefühle auszudrücken und gleichzeitig politische und soziale Themen anzusprechen. Ihre Kunst bleibt bis heute ein kraftvolles Symbol für Stärke, Resilienz und die Bedeutung der kulturellen und politischen Selbstbestimmung.

Sammlung ihrer Aussagen zu politischen und gesellschaftlichen Themen

Frida Kahlo war nicht nur eine bedeutende Künstlerin, sondern auch eine engagierte politische Aktivistin. Ihre Meinungen und Ansichten zu verschiedenen politischen und gesellschaftlichen Themen kamen oft in ihren Kunstwerken und öffentlichen Aussagen zum Ausdruck. Hier sind einige ihrer bemerkenswerten Zitate, die ihre politischen und gesellschaftlichen Überzeugungen widerspiegeln:

"Ich bin überzeugt von meiner Meinung und meiner Leidenschaft für die Freiheit und das Recht, jeden Menschen zu respektieren, unabhängig von Farbe, Religion und Überzeugungen."

"Ich war immer davon überzeugt, dass die einzige Lösung, die Welt zu retten, die Revolution ist. Die Revolution wird kommen."

"Ich bin nicht krank. Ich bin gebrochen. Aber ich bin glücklich, so lange ich malen kann."

"Sie dachten, ich sei eine Surrealistin, aber ich war nicht. Ich habe nie Träume gemalt. Ich habe meine eigene Realität gemalt."

"Ich male Selbstporträts, weil ich so oft allein bin und weil ich das Thema bin, das ich am besten kenne."

"Ich hoffe, dass der Ausgang schön sein wird - und ich werde niemals zurückkehren."

"Die Revolution ist die Harmonie der Form und Farbe und alles existiert, und bewegt sich, unter einem einzigen Gesetz – Leben."

"Ich möchte gerne alles geben, was ich noch habe an die Revolution, die die einzige wirkliche Vernunft im Leben ist."

"Malen ist die größte Freude meines Lebens, auch wenn es oft der Ausdruck meines größten Leids ist."

"Ich liebe dich mehr als meinen eigenen Haut."

Diese Zitate geben Einblick in Frida Kahlos tiefgründige Gedankenwelt und ihre unerschütterliche Hingabe zu politischen und gesellschaftlichen Idealen. Sie spiegeln ihre Leidenschaft, ihren Schmerz und ihre Hoffnung wider und zeigen, wie eng verknüpft ihre Kunst mit ihrem persönlichen und politischen Leben war.

Diskussion über die Relevanz dieser Ansichten in ihrem künstlerischen Werk und darüber hinaus Erbe und Einfluss

Frida Kahlos Aussagen zu politischen und gesellschaftlichen Themen hatten sowohl in ihrem künstlerischen Werk als auch in ihrem Erbe und Einfluss eine bedeutende Relevanz. Ihre Kunst und öffentlichen Äußerungen waren oft Ausdruck ihres Engagements für politische und soziale Gerechtigkeit, insbesondere in Bezug auf Themen wie Frauenrechte, kulturelle Identität und politische Freiheit. Dies spiegelte sich deutlich in ihren Gemälden, ihrer Kleidung und ihrer Lebensweise wider.

Ihre Ansichten zur politischen und gesellschaftlichen Thematik zeigten sich insbesondere in ihren oft leidenschaftlichen und provokativen Bildern, die häufig symbolische und realistische Elemente kombinierten, um komplexe Themen zu kommunizieren. Kahlo nutzte ihre Kunst als Medium, um ihre politischen Überzeugungen und ihre persönlichen Erfahrungen mit Schmerz, Leidenschaft und Identität auszudrücken. Diese Aspekte ihrer Kunst machten sie zu einer Figur, die weit über die Grenzen des Kunstmarktes hinaus bekannt und respektiert wurde.

In der modernen Popkultur bleibt Frida Kahlo eine inspirierende Figur, besonders für feministische und kulturelle Bewegungen. Ihre Fähigkeit, persönliches Leid in kraftvolle Kunst umzuwandeln, hat vielen Menschen weltweit Hoffnung und Stärke gegeben. Kahlos Kunstwerke und ihre öffentlichen Aussagen werden auch heute noch in Diskussionen über Feminismus, kulturelle Identität und politischen Aktivismus zitiert, was ihre anhaltende Relevanz und ihren Einfluss auf spätere Generationen unterstreicht.

Darüber hinaus wird Kahlo oft als Symbol für den Kampf gegen Unterdrückung und für die Freiheit des Selbstausdrucks gefeiert. Ihre einzigartige Persönlichkeit und ihre unverblümte Art, sich über politische und gesellschaftliche Normen hinwegzusetzen, haben sie zu einer Ikone für diejenigen gemacht, die sich gegen Konformität und Unterdrückung aussprechen.

Insgesamt ist Frida Kahlos Vermächtnis ein lebendiges Beispiel dafür, wie Kunst als mächtiges Werkzeug zur Kommunikation und zur Veränderung genutzt werden kann. Ihre Werke und Worte bleiben eine Quelle der Inspiration und Reflexion über die Rolle der Kunst in der Gesellschaft und die Macht der persönlichen Ausdrucksfreiheit.

Zusammenfassung und Schlussgedanken zur Bedeutung von Kahlos Worten

Frida Kahlos Worte und Werke sind weit mehr als nur ein beeindruckendes Erbe einer bemerkenswerten Künstlerin; sie sind eine unerschöpfliche Quelle der Inspiration und des tiefgreifenden Einflusses, deren Bedeutung sich über die Jahre hinweg nicht nur erhalten, sondern sogar verstärkt hat. Ihre Fähigkeit, persönliche Erfahrungen, Schmerzen, Freuden und politische Überzeugungen durch ihre Kunst und Worte auszudrücken, macht sie zu einer zeitlosen Figur, die auch heute noch Menschen weltweit anspricht.

Kahlos Worte und Bilder sprechen universelle Themen an – von Identität und Selbstakzeptanz über soziale Gerechtigkeit bis hin zu feministischen Anliegen. Sie war ihrer Zeit oft voraus, und gerade diese visionäre Qualität ihrer Kunst und ihrer Aussagen macht sie heute relevanter denn je. In einer Welt, die sich zunehmend mit Fragen der Identität, des Geschlechts und der kulturellen Zugehörigkeit auseinandersetzt, bleibt Kahlo eine wichtige Bezugsperson.

Ihre Offenheit in Bezug auf persönliche Kämpfe, ihre unerschütterliche Haltung gegenüber Herausforderungen und ihr Engagement für ihre Überzeugungen sind Qualitäten, die in der heutigen Gesellschaft, die nach Authentizität und Sinnhaftigkeit sucht, besonders resonieren. Sie verkörpert die Idee, dass Kunst nicht nur zur Selbstreflexion dient, sondern auch ein kraftvolles Medium sein kann, um gesellschaftliche Veränderungen voranzutreiben.

Abschließend kann man sagen, dass Frida Kahlo nicht nur eine Künstlerin war; sie war eine Revolutionärin in vielen Aspekten. Ihre Worte und Werke bleiben ein leuchtendes Beispiel dafür, wie ein einzelner Mensch mit seiner Kunst die Welt berühren und bewegen kann. Kahlos Leben und Werk bieten anhaltende Inspiration, nicht nur für Künstler, sondern für alle, die mit Leidenschaft und Mut nach Authentizität streben. Sie ermutigt Generationen, die Konventionen zu hinterfragen, sich selbst treu zu bleiben und durch kreative und persönliche Ausdrucksformen die Welt zu verändern. Frida Kahlo lebt weiter – in ihren Gemälden, ihren Worten und in dem unermesslichen Einfluss, den sie auf so viele Menschen hat.

KAPITEL 7
Unentdeckte Geschichten

Weniger bekannte Anekdoten und Fakten aus ihrem Leben

Frida Kahlos Leben war reich an Ereignissen und Begegnungen, die ihr künstlerisches Schaffen und ihre Weltanschauung geprägt haben. Abseits der bekannten Aspekte ihres Lebens gab es zahlreiche weniger bekannte Fakten und Anekdoten, die ihr Dasein und Werk in ein neues Licht rücken:

- **Frühe Anfänge ihrer künstlerischen Begabung:** Schon als Kind zeigte Frida Kahlo eine außergewöhnliche Begabung für die Kunst. Sie begann bereits im jungen Alter mit dem Malen, eine Leidenschaft, die von ihrem Vater, einem Fotografen, gefördert wurde.

- **Überleben von Kinderlähmung**: Frida Kahlo überstand in ihrer Kindheit eine schwere Kinderlähmung, die ihr rechtes Bein dünner und kürzer hinterließ als das linke. Dies prägte auch ihr Selbstbild und spiegelte sich in einigen ihrer Werke wider.

- **Sprachliche Begabung**: Kahlo war nicht nur in der bildenden Kunst talentiert, sondern auch sprachbegabt. Sie sprach neben ihrer Muttersprache Spanisch auch Englisch und verstand Deutsch, was auf ihren europäischen familiären Hintergrund zurückzuführen ist.

- **Interesse an der Medizin**: Bevor sie sich vollständig der Kunst widmete, begann Frida Kahlo ein Medizinstudium, das sie jedoch nach ihrem schweren Busunfall abbrechen musste.

- **Ungewöhnliche Haustiere**: Kahlo hatte eine Vorliebe für ungewöhnliche Haustiere – neben Hunden und Katzen hielt sie auch exotische Tiere wie Affen und einen Rehkitz namens Granizo.

- **Leidenschaft für die Botanik:** Frida hatte ein tiefes Interesse an Pflanzen und verbrachte viel Zeit in ihrem Garten, der eine wichtige Inspirationsquelle für ihre Kunst war.

- **Bedeutung der traditionellen mexikanischen Kultur:** Frida Kahlo war bekannt für ihre Liebe zur traditionellen mexikanischen Kultur, die sich nicht nur in ihrer Kleidung, sondern auch in ihrem künstlerischen Ausdruck widerspiegelte.

- **Ihre Rolle als Lehrerin:** Kahlo war auch als Lehrerin tätig und gab ihr Wissen und ihre Techniken an eine Gruppe junger Künstler, bekannt als "Los Fridos", weiter.

- **Briefwechsel mit bekannten Persönlichkeiten:** Kahlo korrespondierte mit vielen bedeutenden Persönlichkeiten ihrer Zeit, darunter der Maler Pablo Picasso und der russische Revolutionär Leo Trotzki.

- **Ihre Sammlung von Volkskunst:** Frida Kahlo war eine leidenschaftliche Sammlerin von mexikanischer Volkskunst, was ihre künstlerische Vision und ihr Zuhause, das heute als Museo Frida Kahlo bekannt ist, stark beeinflusste.

Diese weniger bekannten Aspekte ihres Lebens bieten einen tieferen Einblick in Frida Kahlos Persönlichkeit und zeigen, dass sie weit mehr als nur eine Künstlerin war – sie war eine komplexe und vielschichtige Persönlichkeit, deren Lebensgeschichte und Werke auch heute noch faszinieren und inspirieren.

Betrachtungen über weniger bekannte Kunstwerke

In der Welt der Kunst sind Frida Kahlos Selbstporträts und ihre lebhaften Darstellungen des mexikanischen Kulturerbes weithin bekannt. Aber abseits dieser bekannten Werke gibt es eine Reihe weniger bekannter Gemälde und Zeichnungen, die ein anderes Licht auf ihr Schaffen werfen. Diese weniger bekannten Kunstwerke zeigen oft eine subtilere, introspektivere Seite von Kahlo und spiegeln Themen wider, die in ihrem bekannten Werk weniger offensichtlich sind.

Eines dieser Werke ist beispielsweise "Mein Kleid hängt dort" (1933), ein Gemälde, das während ihres Aufenthaltes in den Vereinigten Staaten entstand. Es drückt ihr Heimweh und ihre Entfremdung von der amerikanischen Kultur aus. Ein anderes, "Moses" (1945), zeigt eine komplexe symbolische Darstellung, die auf dem Buch „Moses und der Monotheismus" von Sigmund Freud basiert. Diese Werke geben Einblicke in ihre Auseinandersetzung mit Themen wie Identität, Kultur und Geschichte.

Außerdem illustrieren Kahlos Zeichnungen und Skizzenbücher ihre Fähigkeit, sich mit einer Vielzahl von Materialien und Techniken auszudrücken. Sie enthalten häufig persönliche Notizen und Reflexionen, die ein intimes Bild ihres künstlerischen Prozesses und ihrer Gedankenwelt zeigen.

Diese weniger bekannten Werke tragen dazu bei, das Verständnis von Kahlos künstlerischer Vielseitigkeit und ihrer tiefgründigen Auseinandersetzung mit persönlichen und universellen Themen zu erweitern. Sie offenbaren eine Künstlerin, die unermüdlich experimentierte und deren Werk weit über die Grenzen ihrer berühmten Selbstporträts hinausreicht.

Persönliche Geschichten von Zeitzeugen und Bekannten

Frida Kahlos Leben und Kunst waren untrennbar miteinander verbunden und beeinflussten zahlreiche Menschen, die sie kannten. Persönliche Geschichten von Zeitzeugen und Bekannten gewähren tiefe Einblicke in ihr Wesen und ihren Alltag.

Einer der Zeitzeugen war der mexikanische Fotograf und langjähriger Freund, Guillermo Zamora. Er beschrieb Frida als eine Person mit einer unvergleichlichen Präsenz, deren Aura jeden Raum erfüllte, den sie betrat. Ihre Persönlichkeit war geprägt von einer Mischung aus Stärke, Empathie und einem scharfen Sinn für Humor. Zamora erinnerte sich an gemeinsame Abende, an denen Kahlo leidenschaftlich über Politik diskutierte, während sie gleichzeitig ihre Gäste mit ihrer warmherzigen Gastfreundschaft umsorgte.

Die mexikanische Schriftstellerin und Intellektuelle Elena Poniatowska, die viele Jahre nach Kahlos Tod schrieb, sammelte Geschichten von Menschen, die Kahlo kannten. Sie beschrieb, wie diese Menschen Kahlo als jemanden sahen, der sich nie von den gesellschaftlichen Erwartungen einer Frau in ihrer Zeit beeinflussen ließ. Poniatowska betonte Kahlos tiefe Verbindung zur mexikanischen Kultur und wie sie diese in ihrem alltäglichen Leben, von ihrer Kleidung bis zu ihrer Kunst, lebte.

Diese persönlichen Anekdoten vermitteln ein vielschichtiges Bild von Frida Kahlo - nicht nur als Künstlerin, sondern auch als Freundin, Gesprächspartnerin und inspirierende Persönlichkeit. Sie zeigen, dass ihr Einfluss weit über ihre Gemälde hinausging und dass sie in den Herzen derer, die sie kannten, unvergessen bleibt.

KAPITEL 8
Abschluss

Frida Kahlo, eine Künstlerin, die nicht nur durch ihre unverkennbaren Kunstwerke, sondern auch durch ihr intensives und ereignisreiches Leben bleibende Spuren hinterlassen hat, verkörpert eine Persönlichkeit, die weit über das Normale hinausgeht. Ihre Geschichte ist geprägt von Schmerz, Leidenschaft, Liebe und einem unerschütterlichen Willen, der sich in jedem Pinselstrich ihrer Gemälde widerspiegelt.

Die wesentlichen Erkenntnisse über Frida Kahlo zeigen eine Frau, die sich den gesellschaftlichen Konventionen widersetzte und ihre eigene Identität durch ihre Kunst und ihre Lebensweise kühn zum Ausdruck brachte. Kahlo's Arbeit ist tief verwurzelt in ihrer mexikanischen Herkunft und ihrem persönlichen Leidensweg. Ihre Selbstporträts, durchdrungen von symbolischen Elementen und kraftvollen Emotionen, sind nicht nur Darstellungen ihres Gesichts, sondern Fenster zu ihrer Seele und ihren Erfahrungen.

Die Reflexion über die Bedeutung ihrer Lebensgeschichte und Kunst für die Leser führt zu einer tiefgreifenden Anerkennung der Kraft der Resilienz und der Bedeutung des Selbstausdrucks. Kahlo lehrte uns, dass wahre Schönheit in der Ehrlichkeit und Ungefiltertheit unserer Erfahrungen liegt. Ihr Leben, gezeichnet von körperlichem Schmerz und emotionalen Turbulenzen, war eine unermüdliche Suche nach künstlerischer und persönlicher Authentizität.

Ihre Geschichte ermutigt uns, sich den eigenen Herausforderungen mit Mut und Kreativität zu stellen. In einer Welt, die oft versucht, Individualität zu unterdrücken, bleibt Frida Kahlo ein strahlendes Beispiel dafür, wie wichtig es ist, die eigene Stimme zu finden und sie laut erklingen zu lassen. Sie zeigt uns, dass die Auseinandersetzung mit dem eigenen Ich, so schmerzhaft und komplex sie auch sein mag, ein lohnenswerter Weg ist, der zu tieferer Selbsterkenntnis und echter künstlerischer Ausdruckskraft führt.

In der heutigen Zeit, in der die Themen rund um Identität, Feminismus und kulturelle Zugehörigkeit immer präsenter werden, bleibt Frida Kahlos Vermächtnis relevant und inspirierend. Ihre Kunst und ihr Leben lehren uns, dass jeder von uns die Macht hat, sein eigenes Schicksal zu formen und sich dabei treu zu bleiben. Frida Kahlo bleibt eine Ikone der Stärke, des Mutes und der unendlichen Kreativität, deren Geschichte und Werk weiterhin Menschen auf der ganzen Welt inspirieren und berühren wird.

Weiterführende Literatur und Ressourcen für interessierte Leser

Für alle, die sich intensiver mit dem Leben und Werk von Frida Kahlo auseinandersetzen möchten, gibt es eine Fülle von Literatur und Ressourcen. Hier eine Auswahl, die tiefe Einblicke in die Welt dieser außergewöhnlichen Künstlerin bietet:

Biografien:
- ○ Hayden Herrera: „Frida: A Biography of Frida Kahlo" – Eine umfassende und einfühlsame Biografie, die als Standardwerk über Frida Kahlo gilt.
- ○ Barbara Kingsolver: „Die Malerin des flammenden Herzens" – Ein Roman, der sich mit dem Leben und der Zeit Frida Kahlos beschäftigt.

Kunsthistorische Werke:
- ○ Helga Prignitz-Poda: „Frida Kahlo: Die Malerin und ihr Werk" – Eine detaillierte Analyse ihrer Kunstwerke mit Einblicken in ihre Techniken und Themen.
- ○ Luis-Martín Lozano und Andrea Kettenmann: „Frida Kahlo 1907–1954: Schmerz und Leidenschaft" – Ein illustriertes Werk, das einen umfassenden Überblick über Kahlos Gemälde und ihre Bedeutung bietet.

Filme und Dokumentationen:

- „Frida" (2002) – Ein Spielfilm mit Salma Hayek in der Hauptrolle, der Kahlos Leben und Karriere nachzeichnet.
- „The Life and Times of Frida Kahlo" – Eine Dokumentation, die Licht auf ihr persönliches Leben und ihre Kunst wirft.

Online-Ressourcen:

- Offizielle Webseite des Museo Frida Kahlo (Casa Azul) – Bietet virtuelle Touren durch Kahlos Haus und Studio sowie Informationen zu Ausstellungen.
- Frida Kahlo Foundation – Eine umfangreiche Online-Ressource mit Informationen zu ihrem Leben, ihrer Kunst und aktuellen Ausstellungen.

Museen und Galerien:

- Museo Frida Kahlo (Casa Azul) in Mexiko-Stadt – Kahlos ehemaliges Wohnhaus, das in ein Museum umgewandelt wurde und viele ihrer persönlichen Gegenstände und einige Werke ausstellt.
- Museum of Modern Art (MoMA) in New York – Beherbergt einige ihrer berühmtesten Werke.

Diese Ressourcen bieten nicht nur einen tieferen Einblick in Frida Kahlos Kunst und Persönlichkeit, sondern zeigen auch ihre unvergessliche Präsenz in der Welt der modernen Kunst. Sie ermöglichen es Interessierten, ihre Inspirationen, Herausforderungen und ihr Vermächtnis aus verschiedenen Blickwinkeln zu betrachten.